The Whole Town is Sleeping

Ray Bradbury

GOGAKU SHUNJUSHA

*This book is published in Japan
by Gogaku Shunjusha Co., Inc.
2-9-10 Misaki-cho, Chiyoda-ku
Tokyo*

*First published 2006
© Gogaku Shunjusha Co., Inc.
Printed in Japan, All rights reserved.*

はしがき

　言語の学習にはテレビ，ビデオよりもラジオやCDのほうがはるかに適しているといわれる。それは音だけが唯一のコミュニケーションの手段だからだ。映像がない分，耳の働きは一層鋭敏になり，聴きとる力は確実にアップする。それは理論的にも証明済みである。
　アメリカで制作されたこの『イングリッシュ・トレジャリー（英語の宝箱）』は，その観点からリスニングの究極の教材といえるだろう。
　英米の名作，傑作が放送ドラマ形式で作られているので，登場人物のセリフがまるで目の前でしゃべっているかのように聞こえてくる。しかも，効果音が実によく挿入されているので，胸に迫る臨場感は格別だ。一瞬たりともリスナーの耳を離さないすばらしい出来栄えである。
　しかも，ドラマの出演者は，アメリカ・ハリウッド黄金時代を飾ったスターたちだ。人の言葉とはこんなに魅力あるものかと，あらためて感動を呼ぶ。
　『イングリッシュ・トレジャリー』のよさは，またその構成のうまさにあるといえよう。物語の進行に伴う場面ごとに適切なナレーションが入って，ストーリーの背景を説明してくれるので，リスナーの耳は瞬時にその場面に引き込まれる。そして，会話によどみがない。
　名作を十分堪能しながら，同時に総合的な語学学習ができるところに，この教材の利点がある。
　「リスニング力」の上達はもちろん，ストーリーの中で覚えられる「単語・会話表現」，そしてシャドウ（あとからついて言う）もでき，かつ，英語シナリオ一本まるごと読むことで身につく「読解力」と，まさに一石三鳥，いや四鳥の「英語の宝箱」だ。
　どの作品を取り上げても文句なく楽しめるシリーズだ。

CONTENTS

はしがき………………………………………………… iii
シリーズの使用法……………………………………… v
CD INDEX 一覧………………………………………… vi
解　説…………………………………………………… vii
ものがたり……………………………………………… ix
SCENE 1 ………………………………………………… 2
SCENE 2 ………………………………………………… 8
SCENE 3 ………………………………………………… 12
SCENE 4 ………………………………………………… 20
SCENE 5 ………………………………………………… 30
SCENE 6 ………………………………………………… 42

●シリーズの使用法

英検1級レベル

　まず，英文シナリオを見ずにCDに耳を集中する。第2ステージでは，聞き取れなかった部分及び「これは」と思った慣用表現を英文シナリオでチェック。最終的には口頭でシャドウできるまで習熟することが目標です。

英検2級〜準1級レベル

　英文シナリオを参照しながら，CDを聴くことから始める。第2ステージでは，英文シナリオの完全理解を図る。と同時に，重要な会話表現や単語をどんどん身につけていく。第3ステージでは，対訳を参照しながら，CDを聴いてみよう。シナリオなしにCDが聞き取れるようになれば卒業だ。

英検3級〜準2級レベル

　対訳を参照しながら，まず英文シナリオをしっかり読む。第2ステージでは，英文シナリオを参照しながらCDを聴こう。音声のスピードに慣れるまでは，章ごとに切って，何度も聴きながら，学習を進めてください。未知の単語や会話表現をどんどん覚えるチャンスです。

　第3ステージでは，対訳を参照しながら，CDに集中する。この頃には，耳も相当慣れてきて，リスニングにかなりの手応えが感じられてくるだろう。

　物語の選択にあたっては，難易度表の「初級〜中級レベル」表示の比較的易しめのものから入っていくことをお勧めする。

CD INDEX 一覧

	本文ページ	該当箇所	冒頭部分
1	2	SCENE 1	It was a warm summer night in the middle of…
2	8	SCENE 2	They reached the edge of the ravine that cut…
3	12	SCENE 3	Lavinia held Francine, and the policemen were …
4	20	SCENE 4	The ladies walked downtown. And stopped at…
5	30	SCENE 5	The streets were clean and empty.
6	42	SCENE 6	As she walked away she thought:

(本CDは歴史的に貴重なオリジナル音源を使用しておりますので、一部お聴きぐるしい箇所が含まれている場合もございますが、ご了承ください)

解 説

　レイ・ブラッドベリ（Ray Douglas Bradbury）は，1920年にイリノイ州のウォーキーガンで生まれた。1934年に大不況で父が職を失って，一家はロサンジェルスに移るが，中西部イリノイのその小さな町は彼の物語の原風景になっていると言われる。

　1939年には，SFファン雑誌 *Futuria Fantasia* を編集出版，1941年にプロとしての初作品 *Pendulum* がヘンリ・ハーサ（Henry Hasse）との共作で，*Super Science Stories* の11月号に載った。1943-47年頃に書かれた初期の短篇は，彼の最初の単行本である *Dark Carnival*（1947）にまとめられている。これとほぼ同じ内容のものが，後に *The October Country*（1955）となった。

　1950年の「火星年代記」（*The Martian Chronicles*）によって，彼のSF作家としての地位が確立された。彼は有名作家として，*Esquire*，*Saturday Evening Post* などの有名誌に寄稿するようになるが，この頃が彼の作家としての最も円熟した時期とされている。

　著名な作品としては，すでにあげたもののほかに，「刺青の男」（*The Illustrated Man*：1951），「太陽の黄金のりんご」（*The Golden Apples of the Sun*：1953），「華氏451度」（*Fahrenheit 451*：1953）がある。1950年代から60年代にかけて，彼のSF作家としての名声は世界的なものになった。

　ブラッドベリの作品は，SF小説とはいっても，"ロボットや機械文明の進歩を描いたメカニカルなファンタジー"というより，むしろ，未来社会を舞台とした幻想小説に近い。

彼自身が「エドガー・アラン・ポーを叔父にもつ」と言っているように，彼の作品には言い表わしがたい不気味さと美にいろどられた怪奇性がある。その意味では，モダン・ホラーの作家と言ってもよいだろう。本作も，そういう彼の本領を発揮した作品であって，恐怖の正体が隠されたままに，主人公が破局へと導かれ，後戻りできないところまで追い込まれていくくだりは，まさにブラッドベリの真骨頂。息をのむような結末にも圧倒される。

　ブラッドベリは「SF詩人」と謳(うた)われるとおり，感覚的でリズミカルな美しい文章で，抒情と幻想，夢と現実，日常と超自然，意識と無意識，表層と深層といった異次元領域を巧みに様々な挿話の中にとらえ，定着させている。エドガー・アラン・ポオに始まるアメリカ幻想文学の正統な後継者とも呼ばれ，アメリカ現代文学を代表する作家の1人といえよう。

ものがたり

　イリノイ州の片田舎の小さな町で，女性ばかりを狙う連続殺人事件が起こっていた。既に2人の絞殺死体が発見され，3人目が行方不明になっている。夜な夜な辺りを徘徊（はいかい）する，姿の見えない殺人鬼——住民たちは恐怖に慄（おのの）きつつ，その犯人を「孤独な男（ロンリー・ワン）」と呼んだ。
　ある蒸し暑い夏の日の夕暮れどき，町一番の美女ラヴィニア・ネッブズは，女友だち2人と映画を観にいく約束をしていた。迎えにきたフランシーンは絞殺魔のうわさに脅（おび）え，躊躇（ちゅうちょ）するが，ラヴィニアは一向に気にかける様子もなく，先に立って，意気揚揚（いきようよう）と出かけていくのだった。
　その夜遅く……。一緒に映画を見た友だちとも別れ，ラヴィニアは，たったひとりで家路を急いでいた。
　無事家にたどり着くためには，町を二分する谷を越え，寂しいつり橋を渡っていかねばならない。底知れぬ深さと，湿気と，ホタルの光と，漆黒の闇——つり橋目ざして，急勾配（きゅうこうばい）の土手に設けられた113段の階段を下へ下へと降りていくうちに，ラヴィニアは，次第に言いようのない不安にとりつかれ始める。
　階段の下に誰かがいる……。いいえ，何でもないわ。ばかばかしい……。でも，誰かがあとをつけてくる……。わたしの後ろの階段に誰かがいるのよ……。
　夜の森は突然不気味なほど静まりかえり，もはや自分の心臓の音しか聞こえない。ラヴィニアはとうとう走り出した。
　「もう少しよ！ああ，橋だわ！走るのよ！ふり向いてはだめ！」
　背後の暗がりの中から，男の荒い息づかいが聞こえてきた……。

1

Narrator: It was a warm summer night in the middle of Illinois country. The little town was deep far away from everything, kept to itself by a river and a forest and a ravine. In the town the sidewalks were still scorched. The stores were closing and the streets were turning dark. Screen doors wound their springs and banged, and there was the sound of Grandma Hanlon's swing hammock across the street. On a solitary porch Lavinia Nebbs, age thirty-seven, very straight and slim, sat with a tinkling lemonade at her white fingers, tapping it to her lips, waiting.

Francine: Here I am, Lavinia.

Nar: Lavinia turned. There was Francine at the bottom porch step. She was all in snow white. And didn't look thirty-five.

(1)

ナレーター: 　ある夏のむし暑い夜のこと，イリノイの田舎のただ中で起こった出来事である。その小さな町は，奥深い所にあり，他の町とは遠くへだたっていて，川と森と谷にかこまれていた。町の歩道は，夕方になっても，まだ焼けつくようだった。商店は店じまいをし，通りも薄暗くなってきた。スクリーン・ドアのスプリングが引かれて，バタンと閉まり，ハンロンおばあさんのハンモックのギーギーいう音が通りの方へ聞こえてきた。人気(ひとけ)のないポーチに座っていたのは，ラヴィニア・ネッブズただ1人だけ。37歳になる彼女は，すらりとやせた女性で，その白い指でレモネードの氷をカラカラと振ったり，グラスを唇にあててみたり，人待ち顔だった。

フランシーン: 　お待たせ，ラヴィニア。

ナレーター: 　ラヴィニアはふり向いた。ポーチの上り口の階段に，フランシーンが立っていた。純白のドレスを着た彼女は，とても35歳には見えなかった。

Lavinia: I won't be a minute, Francine. I'll just lock the door.

Fran: All right. Oh, I do like your dress, dear.

Lavi: Why, thank you, dear.

Fran: You look so well in that color. I'm afraid I could never wear it. It makes me look sallow.

Lavi: No, it doesn't, I'm sure not. Of course, I've always loved you in white.

Fran: Ah.

Hanlon: *(from across street)* Evening, ladies.

Lavi: Good evening, Mrs. Hanlon.

Fran: Oh, good evening.

Han: Where are you ladies going all dressed up so pretty?

Lavi: To the Majestic Theater, Mrs. Hanlon.

Fran: Robert Mitchum's playing in "Not as a Stranger."

Han: You won't catch me out on a night like this. Not with the lonely one strangling

ラヴィニア：	お手間はとらせないわ，フランシーン。ちょっとドアをロックしてくるだけだから。	
フランシーン：	どうぞ。あなたのドレス，すてきだわ。	
ラヴィニア：	あら，どうもありがとう。	
フランシーン：	その色がとても似合ってる。わたしだったら，とても着られないわ。顔色が悪く見えてしまうんですもの。	5
ラヴィニア：	そんなことないわ。ほんとよ。でも，もちろん，白いドレスを着ているあなたも，いつもすてきだわ。	
フランシーン：	そうかしら。	
ハンロン：	（通りの反対側から）こんばんは，お嬢さんたち。	10
ラヴィニア：	こんばんは，ハンロンさん。	
フランシーン：	まあ，こんばんは。	
ハンロン：	そんなにおめかしして，どこへおでかけかしら？	
ラヴィニア：	マジェスティック・シアターですの，ハンロンさん。	
フランシーン：	ロバート・ミッチャムが，『見知らぬ人でなく』に出演してますのよ。	15
ハンロン：	こんな晩に出かけるなんて，わたしだったらごめんですね。「孤独な男(ロンリー・ワン)」が女性を狙って絞殺(こうさつ)しているんですからね。銃	

	women. Lock myself in with my gun. That's what I'm gonna do.
Lavi:	I wouldn't worry, Mrs. Hanlon.
Han:	What about Eliza Ramsell? You think she's not worrying? Lock myself in with my gun. That's what you ladies should do.
Lavi:	*(closes door)* **Mm, mm. So silly. Silly old woman.**
Fran:	Lavinia, you, you don't believe all that gossip about the lonely one, do you?
Lavi:	A lot of silly old women who haven't got anything better to do than talk.
Fran:	Well, just the same, Hattie McDollis was killed a month ago, and Roberta Farey the month before. And now, Eliza Ramsell disappearing.
Lavi:	Eliza Ramsell walked off with a traveling man, I bet.
Fran:	But the others — strangled.
Lavi:	Oh, Francine. *(music; footsteps)*

を持って，家の中に閉じこもっていますよ。わたしだったら，そうするけど。

ラヴィニア： ご心配ないわ，ハンロンさん。

ハンロン： だって，エライザ・ラムゼルの場合はどうなの。あの人も心配なんかしてなかったのかしら？ わたしは銃を持って閉じこもりますよ。女の人はそうしなくっちゃだめよ。

ラヴィニア： （ドアを閉める）うふふ。ばかげてるわ。あのおばあさんたら，ばかなことを言って。

フランシーン： ねえ，ラヴィニア。あなたはあの「孤独な男(ロンリー・ワン)」のうわさをまるっきり信じないつもり？

ラヴィニア： ばかなおばあさんたちが大勢集まって，うわさ話をするしかほかに仕事がないのよ。

フランシーン： あら，でもね。ひと月前にハッティ・マクドリスが殺されたわ。そのひと月前には，ロバータ・ファレイがやられたのよ。そして今度はエライザ・ラムゼルが行方不明になってるの。

ラヴィニア： エライザ・ラムゼルは，きっと旅行中の男とかけおちしたんだわ。

フランシーン： でも，ほかのみんなが —— 絞め殺されているんですもの。

ラヴィニア： まあ，フランシーンったら！　　　　　（音楽，足音）

2

Nar: They reached the edge of the ravine that cut the town in two; stood there. Behind them were the lighted houses. Ahead, deepness, moistness, fireflies and dark. The ravine had to be crossed to reach the movies — deep and black as it cut into the hills. Then a creaking bridge to cross over the stream. Then 113 steps up the steep and brambled bank to the other side. The ladies stood there, looking down.

Fran: It won't be me coming back tonight, Lavinia. It'll be you. Oh, I'd never, never walk there alone at night. Never!

Lavi: Bosh.

Fran: You can say bosh, but it'll be you alone on the path, not me. Oh, Lavinia, I, I do wish you didn't live on this side. Don't you get lonely living by yourself in that

(2)

ナレーター: 　ふたりは，町を二分している谷のふちにやってきた。そして，そこに立ち止まった。ふたりの背後には，あかりのついた家並みがあった。前方には，底知れぬ深さと，ひんやりした湿気と，ホタルの光と，暗黒があるだけだった。映画館へ行くためには，その谷を越さねばならなかった。山の間に切りこんでいる深い暗い谷である。それから，きしむ橋を渡って川を越える。そこからいばらの生えた，急勾配の土手の113段の階段をのぼると，反対側に出られる。ふたりの女性は，そこに立って見下ろしていた。

フランシーン: 　わたしは，今夜もうこの道を引き返してこないでいいのよ，ラヴィニア。あなたはまたここへ引き返すことになるわね。ああ，私だったらこんな所を夜になってひとりだけでは，絶対に歩けないわ。絶対に！

ラヴィニア: 　平気よ。

フランシーン: 　平気だなんて言ってるけど，この道をひとりで歩くのは，わたしじゃなくてあなたなのよ。ああ，ラヴィニア，あなたの家が谷のこちら側でなければよかったのにねえ。あの家にたったひとりで住んでいて，さびしくなったりしないの？

Lavi: house?

Lavi: *(laughs)* Old maids love to live alone. Come on, we'll take the shortcut.

Fran: I'm afraid.

Lavi: Oh, come on, don't be so silly. I'll hold your hand. *(music)*

Nar: Lavinia, cool as mint ice cream, took the other woman's arm and led her down the dark winding path, into cricket warmth and frogs' sounds and mosquitoes' delicate silence.

Fran: Oh, let's run, Lavinia, please.

Lavi: No, why should we?

Nar: If Lavinia hadn't turned her head just then, she wouldn't have seen it. But she did turn her head, and it was there, back among a clump of bushes, half hidden; but laid out as if she had put herself there to enjoy the soft stars, lay Eliza Ramsell, her face moon-freckled, her eyes like white marble. Then Francine saw it, too, and the women stood on the path for a frozen second, not believing what they saw. *(scream; music)*

ラヴィニア：	（笑う）オールド・ミスはひとり暮らしが好きなのよ。さあ，行きましょう。近道しましょうよ。
フランシーン：	わたし怖いわ。
ラヴィニア：	しっかりしなさいよ。つまらないこと言ってないで。わたしが手を握ってあげるから。　　　　　　　　　　　（音楽）
ナレーター：	ラヴィニアは，すっかり落着きはらって，相手の腕を取り，暗い曲がりくねった小道をおりて，暑苦しく鳴くコオロギやカエルやらの，またひっそりと隠れている蚊の群れの中に入って行った。
フランシーン：	ねえ，ラヴィニア。走りましょうよ。
ラヴィニア：	大丈夫よ。走らなくても。
ナレーター：	ラヴィニアがその時ふり返りさえしなかったら，そんなものを見ることもなかっただろう。だが，ふりむいてしまったのだ。そして，半分隠れてはいたが，やぶのしげみの中に，それがあった。まるで柔らかい星の光を楽しむために横になったというように，そこにエライザ・ラムゼルの身体が横たわっていた。彼女の顔にはまだらに月の光が落ちていて，眼は白い大理石のようだった。フランシーンも気がついた。ふたりの女性は，自分たちの見ているものが信じられず，しばし，凍りついたように小道に立っていた。　　　　　　　　　　（叫び声，音楽）

3

Nar: Lavinia held Francine, and the policemen were all around in the ravine grass. Flashlights darted about, voices mingled and the night drew on toward eight-thirty.

Officer: You didn't move her, ladies?

Lavi: Of course not.

Fran: Oh, no. We couldn't touch her. How could we?

Offi: And there was nobody? You didn't hear anything...sounds, anything unusual?

Lavi: No, nothing.

Fran: It's..., it's the lonely one, isn't it? He did it, didn't he?

Offi: Couldn't say, ma'am.

Fran: We knew her, you know. She was a friend of ours.

Offi: I'm sorry. Well, I'll have one of my

(3)

ナレーター： 　ラヴィニアはフランシーンの身体を支えた。警官たちが谷の草地にくまなく散らばった。懐中電灯の光があたりを照らし，人声が入り乱れ，時間も夜の8時30分に近づいていた。

警官： 　あなたたちはこの死体を動かさなかったでしょうね。
ラヴィニア： 　ええ，動かしたりしません。
フランシーン： 　そうですわ。とてもさわったりできなかったわ。あたりまえでしょう？
警官： 　だれもいなかったのですね。何にも聞こえなかったのですか。物音とか，何か異常はありませんでしたか。
ラヴィニア： 　何もありませんでした。
フランシーン： 　これは「孤独な男(ロンリー・ワン)」の仕業(しわざ)じゃないんですか。あの男がやったんじゃないのかしら。
警官： 　さあ，それはわかりませんね。
フランシーン： 　被害者はわたしたちの知り合いなんです。わたしたちの友だちだったんです。
警官： 　それはどうもお気の毒でしたね。それじゃ，あなたたちが

Lavi: men walk you across the ravine.

Lavi: That won't be necessary. Thank you very much. We'll be all right.

Fran: Oh, Lavinia!

Lavi: Come along, dear. *(music)*

Nar: And they crossed the ravine, each with their own thoughts, fears. And the creek waters under the bridge whispered, "I'm the lonely one. I'm the lonely one. I kill people." Then they were at the top of the stairs and bathed in safe light from the street lamp.

Fran: I've never seen a dead person before.

Lavi: It's only a little after eight-thirty. We'll pick up Helen and get on to the show.

Fran: The show! Oh, Lavinia, you don't mean it.

Lavi: Of course I do. We've got to forget this. It's not good to remember.

Fran: But Eliza's back there.

Lavi: We need to laugh. We've got to pretend

	谷を越えるのに，警官をひとりつけてあげましょう。
ラヴィニア：	それにはおよびませんわ。とてもありがたいお話ですけど，わたしたち大丈夫ですから。
フランシーン：	まあ，ラヴィニアったら！
ラヴィニア：	行きましょうよ。　　　　　　　　　　　　　　　（音楽）
ナレーター：	ふたりは谷を越えた。胸中にはめいめいの思いがあり，恐怖があった。橋の下の川がささやいていた。「おれは孤独な男(ロンリー・ワン)。おれは孤独な男(ロンリー・ワン)。おれは殺人者だ」やっとふたりは階段の一番上にたどりつき，街燈のあかりをほっとした気持で浴びていた。
フランシーン：	死んだ人なんて見たこともなかったわ。
ラヴィニア：	まだ8時30分をちょっとまわったところね。ヘレンを誘って，映画に行きましょうよ。
フランシーン：	映画ですって！　まあ，ラヴィニア。あなた本気なの。
ラヴィニア：	ええ，本気よ。こんなことは忘れなくちゃいけないわ。気にしたってろくなことないわ。
フランシーン：	でも，エライザがあそこに倒れていたのよ。
ラヴィニア：	陽気にしなくちゃだめよ。何も事件なんてなかったって思

that nothing happened.

Fran: But she was our friend!

Lavi: We can't help her. There's no good brooding about it. I'm going to get it out of my mind and you should, too. Now, if we hurry, we won't miss too much. *(music)*

*

Helen: I thought you'd never come. You're an hour late.

Fran: Well, we....

Lavi: Someone found Eliza Ramsell dead in the ravine.

Hel: Uhhh! Oh, no! Eliza! Who found her?

Lavi: We don't know.

Hel: Oh, how awful! Did you see her? Was it terrible?

Lavi: Let's not talk about it.

Hel: Oh, I really think I should lock myself

	えばいいのよ。
フランシーン：	でも，わたしたちの友だちだったのよ！
ラヴィニア：	仕方ないわ。くよくよ考えこんだって始まらないし。わたしも忘れることにするから，あなたもそうして。さあ，急げばあまり遅れないですむわよ。　　　　　　　（音楽）

＊

ヘレン：	あなたたち来ないんじゃないかと思ったのよ。1時間も遅刻だわ。
フランシーン：	だって，わたしたち……。
ラヴィニア：	エライザ・ラムゼルが谷で死んでいるのが見つかったのよ。
ヘレン：	ええ！　まあ，そんな！　エライザですって。だれが見つけたの。
ラヴィニア：	知らないわ。
ヘレン：	まあ，なんて怖いんでしょう。エライザを見たの？　怖かったでしょう？
ラヴィニア：	その話はやめましょうよ。
ヘレン：	家の中に閉じこもっていたほうがいいわ。今晩は出かけな

in my house. I don't think we'd better go tonight.

Lavi: Of course we will; it's the last showing today. Besides, the lonely one can't kill three ladies. There's safety in numbers. Anyway, it's, it's too soon. The murders come a month separated. Come along, Helen.

Hel: Well, uh, I, I'll get a sweater. You wait for me. *(door closes)*

Fran: Why didn't you tell her? About us finding Eliza.

Lavi: Why upset her? There's time enough tomorrow. I told you, tonight we've got to forget. We're going to the show, and let's not talk about it anymore. Enough's enough. *(music)*

いほうがいいわよ。

ラヴィニア： やっぱり出かけましょうよ。映画は今日で最後なんですもの。それにね，「孤独な男（ロンリー・ワン）」だって，3人連れの女性は殺せないわ。おおぜいなら安全よ。だいたい，時間が，まだ時間が経ってないわ。ひとつの殺人と次の殺人の間には1か月時間が空くのよ。行きましょう，ヘレン。

ヘレン： じゃあ，あの，わたし，わたしセーターを取ってくるわ。待っててね。（ドアが閉まる）

フランシーン： どうしてヘレンにはっきり言わなかったの。エライザを見つけたのは，わたしたちだってことを。

ラヴィニア： ヘレンを怖がらせなくったっていいじゃないの。明日になれば，話す時間も十分あるわよ。ねえ，今夜は忘れなくちゃだめよ。映画へ行くのよ。そしてその話はもうやめましょう。もうたくさんよ。　　　　　　　　　　　　　　　（音楽）

4

Nar: The ladies walked downtown. And stopped at the drugstore which was a few doors from the theater. Lavinia bought a quarter's worth of green mint chews, and the druggist dropped the mints into a sack with a silver shovel.

Druggist: You looked mighty cool this noon, Miss Lavinia, when you was in. So cool and nice, someone asked after you.

Lavi: Oh?

Drug: Yeah, a man sitting at the counter. He watched you walk out and he says to me, "Who's that?" Just like that, he says. "Why, that's Lavinia Nebbs, prettiest maiden lady in town," I says. "Beautiful," he says, "Beautiful. Where's she live?"

(4)

ナレーター： 　3人の女性たちはにぎやかな町通りへと出かけて行った。そして，映画館から2，3軒はなれたドラッグストアに立ち寄った。ラヴィニアがグリーンのミント味のキャンディを25セント分買うと，店の主人が銀色のスコップで，袋の中に入れてくれた。

店の主人： 　今日のお昼に来た時は，えらく決まってましたね，ラヴィニアさん。とてもすてきな恰好(かっこう)でいらしたからでしょうか，あんたのことをあれこれたずねてた人がいましてね。

ラヴィニア： 　あら，そうなの。

店の主人： 　カウンターに座っていた男なんですがね。あんたが外へ出て行くのを見ていて，わたしに言うんですよ。「あの人だれだい？」まあそんなようなことを言ってましたよ。「町で一番の美人のラヴィニア・ネッブズさんですよ」と言ってやりますとね，「美人だなあ，あの美人はどこに住

Hel: You didn't…, you didn't give him her address, I hope. You didn't!

Drug: Well, maybe I shouldn't have. I didn't give him the exact address. I said, "Over on Park Street, you know, near the ravine." Kind of casual. I'm sorry.

Hel: What did he look like?

Drug: Oh, not much, I guess. Wore a dark suit. Pale, kinda thin. Probably nothing but a stranger passing through. I'm sorry, Miss Lavinia. No charge for the peppermints.

Lavi: Don't be silly, Mr. Briggs. Here.

Hel: Well, I know what we're going to do right now. We're going straight home. That man asking after you. You're next, Lavinia. You want to be dead in that ravine?

Lavi: It was just a man, that's all. It doesn't

ヘレン：	んでいるんだね」って言うんですよ。 あなた，まさか……，まさか彼女の住所を教えはしなかったでしょうね。教えたの！
店の主人：	はて，いけなかったんですかな。くわしくは教えませんでしたがね。「パーク・ストリートですよ。谷の近くでね」と言っておきました。いや申し訳ないです。うかつでしたよ。
ヘレン：	どんな人相だったの。
店の主人：	そんな変った人じゃなさそうですよ。ダークスーツでね。顔色のさえない，ちょっとやせ気味でした。どうみても，通りすがりの旅行者ってところです。やあ，悪かったですな，ラヴィニアさん。お勘定は，いただかなくても結構ですよ。
ラヴィニア：	あら，だめよそんなこと。はい，お代よ，ブリッグズさん。
ヘレン：	ねえ，これからどうしたらいいか，これで決まったわ。まっすぐ家に帰るのよ。その男，あなたのことをいろいろたずねてたんだわ。今度はあなたの番よ，ラヴィニア。あなたはあの谷で死体になろうってつもりなの？
ラヴィニア：	ただの男に決まっているわ。何でもないわ。

Drug: mean a thing.

That's what I figured. Nothing to worry about.

Hel: Nothing to worry about!

Lavi: I'm not going to miss the movie. You two can do what you want. I'm going.

Hel: Well, I think we should all go home.

Fran: So do I. She's right, Lavinia.

Lavi: No, she's not. *(all three talk at once; music)*

Nar: They argued for five minutes; then the three of them went to the theater—Francine and Helen, reluctantly; Lavinia, head high, self-possessed, cool. In the auditorium they sat in the odor of ancient brass polish, waiting for the second show to begin. And the lights began to fade. *(movie music, applause)*

Hel: Lavinia.

Lavi: What?

Hel: Have you seen? A man in a dark suit followed us. He was thin. I think he had

店の主人：	わたしもそう思いましたよ。何も気にすることはないですよ。
ヘレン：	何も気にすることはないですって？
ラヴィニア：	映画が見られなくなるのはごめんだわ。あなたたちふたりは，好きなようにしたらいいわ。わたしは行くわよ。
ヘレン：	皆で家へ帰ったほうがいいんじゃない？
フランシーン：	わたしもそう思うわ。ヘレンの言うとおりよ，ラヴィニア。
ラヴィニア：	いいえ，そんなことないわ。（3人で同時に話し出す。音楽）
ナレーター：	3人の女性は5分ほどあれこれと話し合った末，連れだって映画館へ出かけて行った。フランシーンとヘレンはあまり気が進まなかった。ラヴィニアは，弱気を見せることもなく，冷静だった。古めかしい真鍮(しんちゅう)ツヤ出し剤のにおいが立ちこめる観客席に腰を下ろして，3人は次の上映が始まるのを待っていた。やがて場内はだんだん暗くなった。（映画音楽，拍手の音）
ヘレン：	ねえ，ラヴィニア。
ラヴィニア：	どうしたの。
ヘレン：	あなた，見たかしら。ダークスーツの男がわたしたちをつけてきたのよ。やせていたわ。顔色も青白かったみたい。今

	a pale face. He just came in and he's sitting behind us.
Fran:	What? What?
Lavi:	Oh, Helen, what man?
Hel:	Man behind us. It's the one Mr. Briggs said was in the drugstore. Behind us now.
Lavi:	Oh.
Fran:	I, I'm calling the manager. It's him. Oh, stop the movie, stop it! Put on the lights! It's the muderer! The lonely one! He's here! Put on the lights! Lights!
	(music)
Nar:	The drugstore clock said 11:25. They'd come out of the theater feeling new and now they were laughing at Francine. And Francine was laughing at herself.
Lavi:	You see how silly it was. All that riot for nothing.
Hel:	When you went running up the aisle

　　　　　　　入って来て，わたしたちの後ろに座っているのよ。

フランシーン：　　何ですって？　どうしたの。
ラヴィニア：　　まあ，ヘレン。どの男のこと？
ヘレン：　　後ろにいる男よ。ブリッグズさんがドラッグストアに来たと言っていた男よ。今後ろにいるの。
ラヴィニア：　　まあ。
フランシーン：　　わたし，映画館の支配人を呼んでくるわ。あの男よ。ねえ，映画を止めて！　止めてちょうだい！　あかりをつけてください！　人殺しなのよ！　「孤独な男ロンリー・ワン」よ！　ここにいるわ。あかりをつけて。あかりを！　　　　　　　　　　　　　　　（音楽）

ナレーター：　　ドラッグストアの時計が11時25分をさしていた。前とはすっかり違った気分になって，3人は映画館から出てきた。彼女らはフランシーンのしたことを笑っていた。フランシーンも自分のしたことがおかしくて笑っていた。

ラヴィニア：　　ねえ，ばかげていたことがわかったでしょう。何ごともないのに，あんなに大騒ぎしたんですもの。
ヘレン：　　あなたが「あかりをつけて！」と金切り声で叫んで映画館

screaming, "Lights!" Honestly, I thought I'd die.

Lavi: That poor man!

Hel: The theater manager's brother from Racine. Oh, ho, ho. Oh, Francine.

Fran: Well, I did apologize.

Lavi: Now, you see what a panic can do? And all for nothing.

Fran: We shouldn't have stopped for sodas, though.

Hel: Wasn't that a wonderful picture? Will you ever forget...? *(music)*

の通路を走っていった時，わたし，本当にもう死にそうだったわ。

ラヴィニア： あの人に気の毒なことしたわね。

ヘレン： 映画館の支配人の弟で，ラシーンから来たんですって。まあ，うふふ。もう，フランシーンったら。

フランシーン： だから，わたしあやまったわよ。

ラヴィニア： 根も葉もない騒ぎをするとどうなるかわかったでしょ。空騒(から)ぎってわけね。

フランシーン： それにしても，ドラッグストアにソーダなんか飲みに寄らなければよかったわね。

ヘレン： とてもすてきな映画だったと思わない？ 忘れられない作品になるわね……。　　　　　　　　　　　　（音楽）

5

Nar: The streets were clean and empty. Not a car or a truck or a person was in sight. The ladies walked under a flickering neon sign, buzzing like a dying insect, the sounds of their heels sharp on the baked pavement.

Lavi: First, we'll walk you home, Francine.

Fran: Oh, no, I'll walk you home.

Lavi: If you walked me home, you'd have to come back across the ravine alone. I know you. If a leaf even fell on you, you'd drop dead.

Fran: Well, I, I could stay the night at your house.

Lavi: No, it's all settled. First I'll take you home and then Helen. *(music)*

*

(5)

ナレーター： 　町の通りには，人影ひとつ見えなかった。1台の自動車もトラックも，人っ子ひとり見あたらない。3人の女性はちらつくネオン・サインの下を歩いていった。ネオン・サインのブーンという音は，死にかかった虫が立てる音のようだった。彼女たちのハイヒールの音が，固い歩道の上に高く響いていく。

ラヴィニア： 　まず最初に，あなたを家まで送っていくわ，フランシーン。
フランシーン： 　あら，だめよ。わたしがあなたたちを送っていくわ。
ラヴィニア： 　もしあなたがわたし送ってくれたら，帰りはひとりで谷を越えなきゃならないのよ。わかってるんだから。木の葉1枚落ちてきたって，あなたはびっくりして死んじゃうでしょ。

フランシーン： 　大丈夫よ。あなたの家に泊まればいいんだから。

ラヴィニア： 　いいえ，もう決めたわ。最初にあなたを送っていって，それからヘレンを送るわ。　　　　　　　　　　（音楽）

*

Fran: Lavinia, Helen, stay here with me tonight. It's late. Mrs. Murdoch has an extra room.

Lavi: No thanks. I don't sleep well away from my own bed.

Fran: Oh, please, Lavinia. Please. I, I don't want you dead.

Lavi: Now, you've got to stop this. I mean it. I promise I'll call you the very minute I get home.

Fran: Now, will you? Will you really?

Lavi: I promise.

Fran: And Helen, you make her promise you to call.

Hel: I will. Well, good night.

Fran: Be careful.

Lavi: Now, I'll walk you home.   *(music)*

Nar: The courthouse clock struck the hour. The sounds went across a town that was empty. Emptier than it had ever been before. Over

フランシーン:	ラヴィニア。ヘレン。今夜はわたしの所に泊まってよ。もう遅いわ。マードックさんの所に空いた部屋があるの。
ラヴィニア:	ありがたいけど，よすわ。自分のベッドじゃないと，よく眠れないもの。
フランシーン:	ねえ，お願い，ラヴィニア。あなたが殺されたら大変ですもの。
ラヴィニア:	もうその話はよして。怒るわよ。わたし，家に着いたらすぐにあなたに電話するって約束するわ。
フランシーン:	そうしてくれる？ 本当にそうしてくれる？
ラヴィニア:	約束するわ。
フランシーン:	ねえ，ヘレン，あなたもラヴィニアから電話をもらう約束をなさいよ。
ヘレン:	ええ，そうするわ。じゃあ，おやすみなさい。
フランシーン:	気をつけてね。
ラヴィニア:	それじゃ今度はあなたを送っていくわ。　　　　（音楽）
ナレーター:	郡庁舎の時計が時を知らせた。時鐘の音は，人通りのない町に響きわたった。今夜ほど人通りが絶えたことはなかった。人気のない通りに，駐車場に，そして芝生の上に，鐘の音が

empty streets and empty lots and empty lawns, the sounds went.

Lavi: Ten, eleven, twelve.

Hel: Mm. I don't suppose it's any use asking you to stay, Lavinia.

Lavi: There's no reason for me to.

Hel: You've acted so strangely tonight.

Lavi: I'm just not afraid, that's all. And I'm curious, I suppose. Of course, I'm using my head. I mean, logically, the lonely one can't be around. Not now, with the police and all.

Hel: Did you ever think that maybe your subconscious doesn't want you to live anymore?

Lavi: You and Francine! Honestly, Helen!

Hel: Well, I feel so guilty. I'll be drinking a cup of coffee just about the time you get to the ravine, and ohhh, there's that awful

響いた。

ラヴィニア: 10, 11, 12時だわ。
ヘレン: あなたに泊まっていくように言っても，むだらしいわね。

ラヴィニア: だってそうする理由がないんですもの。
ヘレン: 今夜のあなたって，変だわ。
ラヴィニア: わたしは怖くないの。それだけよ。わたしは好奇心が強いのかもね。ちゃんと頭は使ってるわ。つまりね，理屈から言えば，「孤独な男(ロンリー・ワン)」がうろついているわけがないのよ。今は大丈夫。警官が張りこんでいるんですもの。
ヘレン: どこか意識の底で，もう生きていたくないなんて思ったことがあるんじゃなくって？

ラヴィニア: まあ，あなたもフランシーンもおかしいわ。ほんとに，ヘレンったら！
ヘレン: でも，わたし，とても罪の意識を感じるの。あなたが谷にさしかかる頃，わたしはコーヒーを1杯飲もうなんてやってることになるんだわ。そして，ああ，あの恐ろしい橋と暗がりなのよ。家に帰り着いたらすぐに電話してね。本当よ。し

	bridge and the dark. You will call us the minute you get home, won't you? I won't sleep a wink if you don't.
Lavi:	I'll call. Now good night. *(music)*
Nar:	Lavinia Nebbs walked down the midnight street, down the late summer silence. She saw the houses with their dark windows and far away she heard a dog barking. She thought to herself.
Lavi:	In five minutes I'll be safe at home. In five minutes, I'll be phoning Francine and Helen. They're so silly, like old hens. Hmm. Old. I'm older than either of them. I'm....*(man's voice)*
Nar:	She heard a man's voice singing away among the trees and she walked a little faster. And then coming down the street toward her in the demi-moonlight was a man.

てくれなかったら，まんじりともできないわ。

ラヴィニア： 電話するわよ。さあ，おやすみなさいね。　　　（音楽）

ナレーター： ラヴィニア・ネッブズは真夜中の通りを歩いていった。夏の終わりの，物音ひとつしない通りだった。家々の窓は暗く，遠くで犬のほえる声が聞こえた。彼女は物思いにふけっていた。

ラヴィニア： もう5分たつと，無事家に入っているんだわ。5分たつと，フランシーンとヘレンに電話をかけてるわ。あの人たちったら，とてもおかしいわ。年のせいかしら。でも，わたしのほうが，あの人たちより年が上なんだわ。わたしのほうが……。（男の声）

ナレーター： 木立ちの中に男の歌声が聞こえた。彼女は少し足を早めた。すると，彼女のほうに向かって，薄暗い月あかりの通りをやってくる男がいた。

Kennedy: Well, look who it is. What a time of night for you to be out, Miss Nebbs!

Lavi: Officer Kennedy. Oh, I'm so glad it's you.

Ken: Is something wrong, Miss Nebbs?

Lavi: No, nothing at all. I'm just glad it's you.

Ken: You know you shouldn't be out now.

Lavi: I know. I've been to the movies. It is late.

Ken: Ah, c'mon, I'd better see you home.

Lavi: Oh, no. I can make it fine.

Ken: Moon's going behind the trees. Be pretty dark.

Lavi: I'm not afraid of the dark, Mr. Kennedy.

Ken: You sure you'll be all right?

Lavi: Quite sure, thank you.

Ken: All right, tell you what. I'll wait here till you cross. If you need help, just give a yell and I'll come arunning. I'll check by

ケネディ：	おや，だれなのかな。夜のこんな時間に出歩いてもいいんですか，ネッブズさん！	1
ラヴィニア：	まあ，ケネディ巡査。あなたでしたの。ほっとしたわ。	
ケネディ：	どうかしたんですか，ネッブズさん。	
ラヴィニア：	いいえ，何でもありませんの。あなただとわかってうれしかったんです。	5
ケネディ：	今頃出歩いてちゃいけないでしょうに。	
ラヴィニア：	わかってますわ。映画を見に行ってきましたの。遅くなってしまって。	
ケネディ：	ああ，そうですか。送っていってあげましょう。	10
ラヴィニア：	あら，結構です。何とか行けますわ。	
ケネディ：	月が森のうしろに隠れますよ。とても暗くなりますからね。	
ラヴィニア：	暗いのは怖くないんです，ケネディさん。	
ケネディ：	本当に大丈夫なんですか。	
ラヴィニア：	ええ，お礼を申しますわ。	15
ケネディ：	そうですか。じゃ，こうしましょう。あなたが橋を渡り終わるまで，ここで待っててあげましょう。もし助けが必要になったら，大声をあげてください，すぐかけつけますから。	

your house later on my way back.

Lavi: Thank you. Good night.
Ken: Good night. *(music)*

　　　　　　　　帰りの巡回の時にでも，あなたの家のあたりを点検してあげ
　　　　　　　ましょう。
ラヴィニア：　　お世話をかけます。では，おやすみなさい。
ケネディ：　　　おやすみなさい。　　　　　　　　　　　　　　（音楽）

6

Nar: As she walked away she thought:

Lavi: I won't walk in the ravine with any man. How do I know who the lonely one is. No, thank you.

Nar: Then the ravine. She stood on top of the 113 steps, down the steep brambled bank that led across the creaking bridge a hundred yards and up through the black hills to Park Street.

Lavi: Three minutes from now I'll be putting my key in the house door. Nothing can happen. Nothing.

Nar: She started down the dark green steps into the deep ravine night.

⑹

ナレーター： 　ラヴィニアは歩きながら考えこんだ。

ラヴィニア： 　男の人につきそってもらって谷を渡るだなんて，いやだわ。それにだれが「孤独な男(ロンリー・ワン)」なのかもわからないんですもの。送ってもらわないほうがいいわ。

ナレーター： 　谷にさしかかった。彼女は113段の階段の最上部に立った。そこから険しいやぶの土手を下り，きしむ橋を渡って100ヤードほど行き，暗い山をのぼってパーク・ストリートに出る。

ラヴィニア： 　これから3分後には，玄関のドアにキーを差しこんでいるんだわ。何も起こりゃしないわ。何も。

ナレーター： 　彼女は草むす暗い階段を下り，深い夜の谷へと入っていった。

Lavi: Five, six, seven, eight, nine, ten....

Nar: The ravine was deep....

Lavi: Eleven, twelve, thirteen....
(Lavinia is counting the steps while the narrator is talking)

Nar: ... and the world was gone—the world of safe people in bed, the locked doors, the town, the drugstore, the theater, lights—everything was gone. Only the ravine existed and lived black and huge around her.

Lavi: Twenty-nine, thirty, thirty-one. Nothing's happened, has it? No one around, is there? Remember that old ghost story you told each other when you were children? About the dark man coming into your house, and you upstairs in bed. Now he's at the first step coming

ラヴィニア：　　　5段，6段，7段，8段，9段，10段……。

ナレーター：　　　谷は深かった。

ラヴィニア：　　　11段，12段，13段……。
　　　　　　　　（ラヴィニアが階段を数えている間に，ナレーターの語りが聞こえる）

ナレーター：　　　…そして，人のいる世界は消えてしまった。人びとが安らかにベッドに入っている世界，錠の下りたドア，町，ドラッグストア，映画館，街灯。すべてのものが消え失せた。ただあるのは谷ばかりで，大きな黒い生き物のように，彼女のまわりをとりまいていた。

ラヴィニア：　　　29段，30段，31段。ほら，何も起こらなかったわ。だれもこのあたりにはいやしないんですもの。子どもの頃，皆で話し合ったお化け話をおぼえているかしら。黒い人影が家の中に入ってきて，あなたは2階のベッドに入っているの。するとその男が，あなたの部屋へ上がろうとして，階段の第1段に足をかける。それから，2段目をのぼる。そして，3段，4段，5段。その話を聞くと，キャーッと悲鳴があがって，

up to your room. Now he's at the second step. Now he's at the third, and the fourth, the fifth step. How you laughed and screamed at the story! Now the horrid man is at the twelfth step, opening your door. Now he's standing by your bed. *(screams)*

What... what this..., there at the bottom of the steps, a man under the light. No, he's gone. He was waiting there. Oh, but there's nothing. But something.... nothing. Nothing on the bridge at all. That story I told myself — how silly! Shall I call Mr. Kennedy? Did he hear me scream? Or did I scream? Maybe I only thought I did. Then he didn't hear me at all. I'll go back up. Go to Helen's and sleep there tonight. No, it's nearer home now. Don't be silly. Wait! *(footsteps; gasps)*

Ohhh. Someone's following me. Someone's on the steps behind me. I

それから大笑いするの。あの怖い男が12段目をのぼって，あなたのドアを開けるのよ。ほら，男がベッドのそばに立っている。（悲鳴をあげる）

　あら，あれは何かしら……階段の下にいるのは。あかりの下に男がいるわ。いいえ，行ってしまった。あそこで人を待っていたのね。ああ，でももうだれもいない。でも何かが……いいえ，何でもないわ。橋にも何もありゃしなかったわ。わたしが自分に聞かせた作り話よ。ばかばかしい。ケネディさんを呼ぼうかしら。わたしの悲鳴がケネディさんに聞こえたかしら。だいたい悲鳴なんかあげたっけ？　ただ頭の中で思っただけだわ。だからケネディさんは何も聞こえなかったのよ。戻ってみようかな。ヘレンの家に行って，今夜はそこで寝るの。でも，もう自分の家のほうが近いじゃない。ばかな考えはやめましょう。あら，何？（足音が近づいてくる。荒い呼吸の音）
　ああ，だれかがわたしのあとをつけてくる。わたしの後ろの階段にだれかがいるのよ。とてもふり向く気になれないわ。

don't dare turn around. *(footsteps)* Every time I take a step he takes one. *(footsteps)* Officer Kennedy, is that you? Is it?

(music)

Nar: The crickets were suddenly still. The crickets were listening. The night was listening to her. Then there was the sound. Only a woodchuck, surely, beating a hollow log. But it was Lavinia Nebbs. It was most surely the heart of Lavinia Nebbs. She went down the steps faster, faster. Run. She heard music... in a mad way, a silly way, she heard the surge of music that pounded at her. Rush. Plunging her faster and faster, down, down into the pit of the ravine.

Lavi: Only a little way! God, the bridge! Run! Run! Don't turn! Don't look! If you see him, you'll not be able to move. Just run!

Nar: And across the bridge, up the path between the hills, the top of the path, the street. And even with the lights, the fear swirled about her,

| | （足音）わたしが1歩踏み出すと，その人も1歩踏み出してくる。（足音）ケネディ巡査，あなたでしょ？ そうなんでしょ？　　　　　　　　　　　　　　　　　　　　　（音楽）|

ナレーター:　　コオロギの声が突然静かになった。コオロギも聞き耳を立てていたのだ。夜が彼女の動きに耳をすませていた。それから物音がした。それはマーモットが，うつろな丸太を叩いていただけだったのかもしれない。いや，それはラヴィニア・ネッブズだった。ラヴィニア・ネッブズの心臓の鼓動に違いなかった。彼女はどんどん速度を早めて階段を下りていった。走れ。狂気じみたことに，おかしなことに，彼女には音楽が聞こえてきた。彼女をめがけて打ち寄せてくる波のような音楽が。かけ足で急げ。ころばんばかりの速さで，ますます速度を早めて，深い谷へとかけ下りていった。

ラヴィニア:　　もう少しよ！ ああ，橋だわ！ 走るの！ 走るのよ！ ふり向いてはだめ！ あの男を見たら，すくんで動けなくなるわ。ただ走るのよ！

ナレーター:　　そして，橋を渡り，山あいの道を通り抜けて，道の坂上に出て，大通りにたどりついた。そこにはあかりがついていたが，それでも恐怖が彼女のまわりに渦巻き，彼女に迫り，重

closing in, pressing.

Lavi: *(running)* If I get home safe, I'll never go out alone. I was a fool! Never again! If you let me get home from this, I'll never go out again alone, I promise. Please, please, let me. Please, please, give me time to get inside and lock the door, and I'll be safe. Oh, oh, safe at home. Safe, safe at home. Not a sound. Oh, listen. Oh, quick, wait! Ohhh. The window. *(sobs)*

There's no one there at all. Nobody. There was no one following me at all. Nobody running after me. How silly! If a man had been following me, he'd have caught me. I can't run as fast as a man. I wasn't running from anything except me. The ravine was safer than safe. Oh, it's nice to be home, though. Home's a really good, warm, safe place. The only place.

くのしかかっていた。

ラヴィニア： 　（走りながら）無事に家に着けたら，けっしてひとりで外へ出たりしないことにするわ。わたしがいけなかったのよ。もう二度とひとりで出ないわ。ここを逃れて，家に着きさえしたら，絶対にひとりで外へ出ないわ。本当よ。どうぞ無事に着きますように。家の中に入って，ドアに鍵をかけ，安全になるまで，間に合いますように。ああ，無事に家に着けたら。無事に家に着けさえしたら。物音ひとつしなくなったわ。耳をすませても聞こえないわ。さあ早く。あら，あれは！ああ，窓だわ。（すすり泣きの声）

　だれもいないわ。だれもいないのよ。わたしを追ってきた人なんて，いやしなかったんだわ。だれもわたしのあとから走ったりしてはいなかったのよ。思い違いだったのね。もしだれかがあとを追っていたのなら，わたしをつかまえていたはずだわ。わたしより男の人の足のほうが速いんですもの。わたしは自分の足音に追われていただけなのよ。谷は安全そのものだったんだわ。でも，家へ帰れてよかった。自分の家はあたたかで，安全で，本当によい場所だわ。自分の家だけよ，安全なのは。

Nar: She had just put her hand out to the light switch when she heard it behind her in the blackness.
(Lavinia gasps)
Just a movement.

Lavi: **What? What? Who... is it?**

(footsteps come nearer)

Voice: **Beautiful.**

THE END

ナレーター：	彼女は手をのばして，あかりのスイッチを押そうとした。その時だった。背後の暗がりの中に物音を聞いたのだ。
	（ラヴィニアの呼吸が荒くなる）　何かが動いた音だった。
ラヴィニア：	何なの。何なのよ。一体だれなの。
	（足音が近づく）
声：	美人だ。

終

<イングリッシュトレジャリー・シリーズ㉓>
遠い橋

2006年11月30日　初版発行Ⓒ　　　（定価はカバーに表示）

訳　者　古宮照雄
発行人　井村　敦
発行所　㈱語学春秋社
　　　　東京都千代田区三崎町 2 - 9 -10
　　　　電話　(03)3263-2894
　　　　FAX　(03)3234-0668
　　　　http://www.gogakushunjusha.co.jp
　　　　こちらのホームページで，小社の出版物ほかのご案内をいたしております。

印刷所　文唱堂印刷

落丁・乱丁本はお取替えいたします。